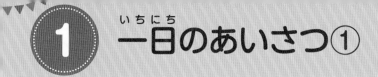

1 一日のあいさつ①

月　日　　時　分〜　時　分
name
点

1 音声を聞いて，まねして言いましょう。ましょう。
〈1つ25点〉

Good morning, Taku.

おはよう，タク。

Good morning, Sakura.

おはよう，サクラ。

音読
チェック！

1回目
2回目
3回目

★ 午前中にあいさつするときは，Good morning.「おはよう（ございます）」と言います。

2 声に出して言ったあと，英語をなぞりましょう。
〈1つ10点〉

Good morning, Taku.

Good morning, Sakura.

★ 文の最初は大文字にします。人の名前も，最初は大文字にします。文の最後にはピリオド（．）をつけます。よびかける名前の前には，コンマ（，）をつけましょう。

3 音声を聞いて，まねして言いましょう。次に，声に出して3回言いましょう。

〈3回言って25点〉

Good afternoon, Rin.

こんにちは，リン。

Good afternoon, Minato.

こんにちは，ミナト。

音読チェック！
1回目
2回目
3回目

★ 午後にあいさつするときは，Good afternoon.「こんにちは」と言います。また，日が
くれたあとにあいさつするときは，Good evening.「こんばんは」と言います。

4 声に出して言ったあと，英語をなぞりましょう。

〈1つ10点〉

Good afternoon, Rin.

Good afternoon, Minato.

5 音声を聞いて，合うほうの絵の記号を○でかこみましょう。

〈10点〉

ア

イ

2 一日のあいさつ②

〈いちにち〉

🔊 3

1 音声を聞いて，まねして言いましょう。次に，声に出して3回言いましょう。

〈3回言って25点〉

Hello, Mr. White.

こんにちは，ホワイト先生。

Hi, Aoi.

やあ，アオイ。

音読
チェック！

1回目 ◎
2回目 ◎
3回目 ◎

★ Hello.「こんにちは」は，時間に関係なく使えます。Hi.「やあ」「こんにちは」は，親しい人や，目下の人に使います。

2 声に出して言ったあと，英語をなぞりましょう。

〈1つ10点〉

Hello, Mr. White.

Hi, Aoi.

★ Mr. は男の人の名前の前につけ，文のとちゅうでも，最初は大文字にし，ピリオド（.）をつけます。女の人の名前の前には，Ms. をつけます。

3 音声を聞いて，まねして言いましょう。次に，声に出して3回言いましょう。

〈3回言って25点〉

音読チェック！

1回目
2回目
3回目

Good night, Mom.

おやすみなさい，お母さん。

Good night, Yuma.

おやすみ，ユウマ。

★ Good night.「おやすみなさい」は，ねるときのあいさつです。Mom は，「お母さん」とよびかけるときに使う言葉です。

4 声に出して言ったあと，英語をなぞりましょう。

〈1つ10点〉

Good night, Mom.

Good night, Yuma.

5 音声を聞いて，1と2のあいさつのうち，絵に合うほうの番号を（　）に書きましょう。

〈10点〉

（　　）

🔊 5

1 音声を聞いて，まねして言いましょう。次に，声に出して3回言いましょう。

〈3回言って25点〉

How are you?
元気ですか？

I'm fine, thank you.
And you?
元気です，ありがとう。あなたはどうですか？

音読
チェック！

1回目 ◎

2回目 ◎

3回目 ◎

★ How are you?「元気ですか？」と聞かれたら，I'm fine, thank you.「元気です，ありがとう」と答えます。そのときの調子に合わせて，I'm OK.「まあまあです」，Not bad.「悪くありません」のように答えることもできます。

2 声に出して言ったあと，英語をなぞりましょう。

〈1つ10点〉

How are you?

I'm fine, thank you.　And you?

★ たずねる文の最後には，クエスチョン・マーク（？）をつけます。

3 音声を聞いて，まねして言いましょう。次に，声に出して3回言いましょう。

〈3回言って25点〉

How are you?
元気ですか？

Not very well.
あまり元気ではありません。

音読チェック！
1回目
2回目
3回目

★ How are you? と聞かれて，元気ではないときは，Not very well.「あまり元気ではありません」と答えます。

4 声に出して言ったあと，英語をなぞりましょう。

〈1つ10点〉

How are you?

Not very well.

5 音声を聞いて，ケンタを表すほうの絵の記号を○でかこみましょう。〈10点〉

ア

イ

④ はじめて会ったとき

🔊 7

❶ 音声を聞いて，まねして言いましょう。次に，声に出して3回言いましょう。

〈3回言って25点〉

Nice to meet you.

はじめまして。

Nice to meet you, too.

こちらこそ，はじめまして。

音読チェック！

1回目 ◎

2回目 ◎

3回目 ◎

★ はじめて会う人には，Nice to meet you.「はじめまして」とあいさつします。このように言われたら，Nice to meet you, too.「こちらこそ，はじめまして」と返します。

❷ 声に出して言ったあと，英語をなぞりましょう。

〈1つ10点〉

Nice to meet you.

Nice to meet you, too.

3 音声を聞いて，まねして言いましょう。次に，声に出して3回言いましょう。

〈3回言って25点〉

> **My name is Hikaru.**
>
> ぼくの名前はヒカルです。

> **Nice to meet you.**
>
> はじめまして。

音読
チェック！

1回目
2回目
3回目

★ 自分の名前を言うときは，My name is 〜.「ぼくの [わたしの] 名前は〜です」で表します。

4 声に出して言ったあと，英語をなぞりましょう。

〈1つ10点〉

My name is Hikaru.

Nice to meet you.

5 音声を聞いて，返事として合うほうの記号を○でかこみましょう。

〈10点〉

ア **Nice to meet you, too.**

イ **I'm fine, thank you.**

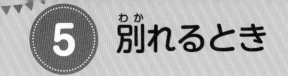

5 別れるとき

🔊 9

1 音声を聞いて，まねして言いましょう。次に，声に出して3回言いましょう。

〈3回言って25点〉

音読
チェック!

1回目
2回目
3回目

Goodbye.

さようなら。

Bye.

さようなら。

★ 別れるときは，Goodbye.「さようなら」と言います。Good-bye.と書くこともあります。
Goodbye. をちぢめて，Bye. だけで使うこともできます。

2 声に出して言ったあと，英語をなぞりましょう。

〈1つ10点〉

Goodbye.

Bye.

3 音声を聞いて，まねして言いましょう。次に，声に出して3回言いましょう。

〈3回言って25点〉

音読チェック！

1回目

2回目

3回目

See you later.

じゃあ，またね。

See you.

またね。

★ See you later. や See you. は，「また会いましょう」という意味で使う，別れのあいさつです。

4 声に出して言ったあと，英語をなぞりましょう。

〈1つ10点〉

See you later.

See you.

5 音声を聞いて，合うほうの絵の記号を○でかこみましょう。

〈10点〉

ア

イ

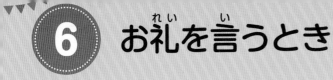
月 日　時 分～ 時 分

name

点

 11

1 音声を聞いて，まねして言いましょう。次に，声に出して3回言いましょう。

〈3回言って25点〉

Thank you.

ありがとう。

You're welcome.

どういたしまして。

音読チェック！

1回目

2回目

3回目

★ Thank you. は，「ありがとう」と，お礼を言うときの言い方です。お礼を言われたら，You're welcome.「どういたしまして」と返します。

2 声に出して言ったあと，英語をなぞりましょう。 〈1つ10点〉

Thank you.

You're welcome.

3 音声を聞いて，まねして言いましょう。次に，声に出して3回言いましょう。

〈3回言って25点〉

Thank you very much.

ありがとうございます。

No problem.

どういたしまして。

★ お礼の言い方には，Thank you very much.「ありがとうございます」もあります。「どういたしまして」は，No problem. という言い方もあり，これは「たいしたことではないよ」という意味です。

4 声に出して言ったあと，英語をなぞりましょう。

〈1つ10点〉

Thank you very much.

No problem.

5 音声を聞いて，返事として合うほうの記号を○でかこみましょう。〈10点〉

ア You're welcome.

イ See you later.

©くもん出版

12

7 あやまるとき

月 日　時 分〜 時 分

name

点

🔊 13

1 音声を聞いて，まねして言いましょう。次に，声に出して3回言いましょう。

〈3回言って25点〉

I'm sorry.

ごめんなさい。

That's OK.

だいじょうぶですよ。

音読
チェック！

1回目 ◎

2回目 ◎

3回目 ◎

★ あやまるときは，I'm sorry.「ごめんなさい」と言います。相手があやまったら，
That's OK.「だいじょうぶですよ」のように返しましょう。

2 声に出して言ったあと，英語をなぞりましょう。

〈1つ10点〉

I'm sorry.

That's OK.

3 音声を聞いて，まねして言いましょう。次に，声に出して3回言いましょう。

〈3回言って25点〉

Excuse me.

すみません。

That's OK.

だいじょうぶです。

音読チェック!
1回目
2回目
3回目

★ あやまるときには，Excuse me.「すみません」と言うこともできます。No problem.「だいじょうぶです」「問題ありません」という返し方もあります。

4 声に出して言ったあと，英語をなぞりましょう。 〈1つ10点〉

Excuse me.

That's OK.

5 音声を聞いて，1と2の会話のうち，絵に合うほうの番号を（　）に書きましょう。 〈10点〉

（　　）

8 祝うとき

🔊 15

1 音声を聞いて，まねして言いましょう。次に，声に出して3回言いましょう。

〈3回言って25点〉

Happy birthday!

おたんじょうびおめでとう！

Thank you!

ありがとう！

音読チェック！
1回目
2回目
3回目

★ たんじょうびを祝うときは，Happy birthday.「おたんじょうびおめでとう」と言います。こう言われたら，Thank you.「ありがとう」とお礼を言いましょう。

2 声に出して言ったあと，英語をなぞりましょう。

〈1つ10点〉

Happy birthday!

Thank you!

★ エクスクラメーション・マーク（！）を使うと，ピリオド（.）よりもわくわくした感じが出ます。

©くもん出版

3 音声を聞いて，まねして言いましょう。次に，声に出して3回言いましょう。

〈3回言って25点〉

Happy New Year!

あけましておめでとう！

Happy New Year!

あけましておめでとう！

音読チェック！

1回目 ◎

2回目 ◎

3回目 ◎

★ 新年のあいさつは，Happy New Year.「あけましておめでとう」です。

4 声に出して言ったあと，英語をなぞりましょう。

〈1つ10点〉

Happy New Year!

Happy New Year!

★ New Year は，それぞれ最初の文字を大文字にします。

5 音声を聞いて，1と2の英語のうち，絵に合うほうの番号を（　）に書きましょう。

〈10点〉

（　　）

月 日　時 分～ 時 分

name

点

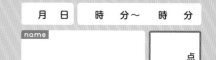
17

1 音声を聞いて，まねして言いましょう。次に，声に出して3回言いましょう。

〈3回言って25点〉

Merry Christmas!

メリークリスマス！

Merry Christmas!

メリークリスマス！

音読
チェック！

1回目 ◎

2回目 ◎

3回目 ◎

★ クリスマスには，おたがいに Merry Christmas.「メリークリスマス」と言います。

2 声に出して言ったあと，英語をなぞりましょう。

〈1つ10点〉

Merry Christmas!

Merry Christmas!

★ Christmas は，最初の文字を大文字にします。

3 音声を聞いて，まねして言いましょう。次に，声に出して3回言いましょう。

〈3回言って25点〉

Congratulations!

おめでとう！

Thank you!

ありがとう！

音読チェック！

1回目

2回目

3回目

★ 相手におめでたいことがあって「おめでとう」と言うときは，Congratulations.「おめでとう」を使います。こう言われたら，Thank you.「ありがとう」と言いましょう。

4 声に出して言ったあと，英語をなぞりましょう。

〈1つ10点〉

Congratulations!

Thank you!

5 音声を聞いて，1と2の会話のうち，絵に合うほうの番号を（　　）に書きましょう。

〈10点〉

（　　）

月 日　時 分～ 時 分

name

点

🔊 19

1 音声を聞いて，合うほうの絵の記号を○でかこみましょう。　〈1つ7点〉

(1)　　ア　　　　　イ

(2)　　ア　　　　　イ

2 音声を聞いて，合う絵を選び，（　　）に記号を書きましょう。　〈1つ10点〉

(1)（　　　）　　　(2)（　　　）　　　(3)（　　　）

ア　　　　　　　　　イ　　　　　　　　　ウ

絵を見て，返事として合う英語を ▢▢▢ から選び，══ に書きましょう。

〈1つ14点〉

| Nice to meet you, too. | Good night. |
| You're welcome. | I'm fine, thank you. |

(1)

How are you?

_____

(2)

Good night.

_____

(3)

Thank you.

_____

(4)

Nice lo meet you.

_____

自分の名前や持っているものを言うとき

🔊 21

1 音声を聞いて，まねして言いましょう。次に，声に出して3回言いましょう。

〈3回言って25点〉

I'm Taku.

ぼくはタクです。

I'm Sakura.

わたしはサクラです。

音読チェック！
1回目
2回目
3回目

★ 「ぼくは～です」「わたしは～です」は I'm ～. で表します。「ぼく」のときも「わたし」のときも，I'm ～. を使います。

2 声に出して言ったあと，英語をなぞりましょう。 〈1つ10点〉

I'm Taku.

I'm Sakura.

3 音声を聞いて、まねして言いましょう。次に、声に出して3回言いましょう。

〈3回言って25点〉

I have a glove.

ぼくはグローブを持っています。

I have a racket.

わたしはラケットを持っています。

音読チェック!
1回目
2回目
3回目

★ 「ぼくは[わたしは]〜を持っています」と言うときは、I have 〜. で表します。

4 声に出して言ったあと、英語をなぞりましょう。

〈1つ10点〉

I have a glove.

I have a racket.

5 音声を聞いて、話している人に合うほうの絵の記号を○でかこみましょう。

〈10点〉

ア

ユウマ

イ

ミユ

自分の好きなものや きらいなものを言うとき

月　日　　時　分〜　時　分

name

点

🔊 23

1 音声を聞いて，まねして言いましょう。次に，声に出して3回言いましょう。

〈3回言って25点〉

音読チェック！

1回目 ◎

2回目 ◎

3回目 ◎

I like dogs.

ぼくは犬が好きです。

I like cats.

わたしはねこが好きです。

★ 「ぼくは[わたしは]〜が好きです」はI like 〜. で表します。

2 声に出して言ったあと，英語をなぞりましょう。

〈1つ10点〉

I like dogs.

I like cats.

3 音声を聞いて，まねして言いましょう。次に，声に出して3回言いましょう。

〈3回言って25点〉

I don't like carrots.

ぼくはにんじんが好きではありません。

I don't like onions.

わたしはたまねぎが好きではありません。

音読
チェック！

1回目

2回目

3回目

★「ぼくは［わたしは］〜が好きではありません」と言うときは，I don't like 〜. で表します。

4 声に出して言ったあと，英語をなぞりましょう。　　　　　〈1つ10点〉

I don't like carrots.

I don't like onions.

5 音声を聞いて，リクの好きなものときらいなものの記号を，（　　）に書きましょう。

〈両方できて10点〉

ア

イ

好きなもの　（　　　）
きらいなもの（　　　）

月 日 ｜ 時 分〜 時 分
name
点

25

1 音声を聞いて，まねして言いましょう。次に，声に出して３回言いましょう。
〈３回言って25点〉

I like baseball.

ぼくは野球が好きです。

Why?

どうしてですか？

音読チェック！

1回目

2回目

3回目

★ 「どうしてですか？」と聞くときは，Why? と言います。

2 声に出して言ったあと，英語をなぞりましょう。
〈１つ10点〉

I like baseball.

Why?

3 音声を聞いて，まねして言いましょう。次に，声に出して3回言いましょう。

〈3回言って25点〉

音読チェック！
1回目
2回目
3回目

4 声に出して言ったあと，英語をなぞりましょう。　　　　　〈1つ10点〉

I like pizza.

Why?

★ Why?「どうしてですか？」と聞かれたら，It's delicious.「おいしいです」のように，理由を答えることも覚えておくとよいでしょう。

5 音声を聞いて，聞こえた順に番号を（　　）に書きましょう。〈全部できて10点〉

I like pizza. （　　）

I like baseball. （　　）

Why? （　　）

月 日	時 分〜 時 分
name	
	点

🔊 27

1 音声を聞いて，話している人に合う絵を選び，（　　）に記号を書きましょう。

〈1つ10点〉

(1) (　　　)　　　(2) (　　　)　　　(3) (　　　)

ア	イ	ウ	エ

ユウマ	リン	ヒカル	ハナ

2 音声を聞いて，それぞれの人物が好きなものを線で結びましょう。

〈1つ10点〉

(1)
アオイ

●

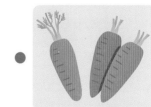
●

(2)
ソウ

●

●

(3)
リク

●

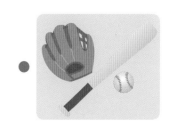
●

3 英語に合う絵を選び，（　）に記号を書きましょう。　〈1つ10点〉

(1) I like cats.　　　　　　　（　　）

(2) I don't like onions.　（　　）

ア	イ	ウ	エ

4 絵に合う英語を，　　　　から選んで　　　　に書きましょう。　〈1つ10点〉

(1)

(2)

I have a dog.　　　　I have a racket.

I have a glove.　　　I have a cat.

(1)

(2)

月 日　時 分〜 時 分

name

点

🔊 29

1 音声を聞いて，まねして言いましょう。次に，声に出して3回言いましょう。

〈3回言って25点〉

What's your name?

あなたの名前は何ですか？

My name is Saki.

わたしの名前はサキです。

音読
チェック！

1回目 ◎

2回目 ◎

3回目 ◎

★ 相手の名前を聞くときは，What's your name?「あなたの名前は何ですか？」と言います。答えるときは，My name is 〜.「わたしの名前は〜です」と言います。

2 声に出して言ったあと，英語をなぞりましょう。

〈1つ10点〉

What's your name?

My name is Saki.

★ 学校の先生や年上の人に名前を聞くときは，What's your name? ではなく，May I have your name?（お名前を教えていただけますか？）と言うことも覚えておきましょう。

©くもん出版

3 音声を聞いて，まねして言いましょう。次に，声に出して3回言いましょう。

〈3回言って25点〉

★ 相手のねんれいを聞くときは，How old are you?「あなたは何さいですか？」と言います。答えるときは，I'm の後ろに，自分のねんれいを表す数を続けます。

4 声に出して言ったあと，英語をなぞりましょう。

〈1つ10点〉

How old are you?

I'm ten.

★93ページの音声で，数の言い方を聞いてみましょう。

5 音声を聞いて，話している人に合うほうの記号を○でかこみましょう。

〈両方できて10点〉

名前	ねんれい
ア　サヤカ	ア　9さい
イ　ミズホ	イ　10さい

ば しょ き

月 日　時 分〜 時 分

name

点

　31

1 音声を聞いて，まねして言いましょう。次に，声に出して3回言いましょう。

おんせい き い つぎ こえ だ かい い

〈3回言って25点〉

Where are you from?

あなたはどこの出身ですか？

しゅっしん

I'm from India.

わたしはインドの出身です。

しゅっしん

音読
チェック！

1回目

2回目

3回目

★ 相手の出身地を聞くときは，Where are you from?「あなたはどこの出身ですか？」
あい て しゅっしん ち き　　　　　　　　　　　　　　　　　　　　　　　　　しゅっしん
と言います。答えるときは，I'm from 〜.「わたしは〜の出身です」と言います。
い こた　　　　　　　　　　　　　　　　しゅっしん い

2 声に出して言ったあと，英語をなぞりましょう。

こえ だ い えい ご

〈1つ10点〉

Where are you from?

I'm from India.

3 音声を聞いて，まねして言いましょう。次に，声に出して3回言いましょう。

〈3回言って25点〉

Where do you live?

あなたはどこに住んでいますか？

I live in Australia.

ぼくはオーストラリアに住んでいます。

音読チェック！

1回目

2回目

3回目

★ 相手の住んでいる場所を聞くときは，Where do you live?「あなたはどこに住んでい
ますか？」と言います。答えるときは，I live in の後ろに，住んでいる場所を続けます。

4 声に出して言ったあと，英語をなぞりましょう。　　　　　〈1つ10点〉

Where do you live?

I live in Australia.

5 音声を聞いて，絵に合っていれば○，合っていなければ×を（　　）に書きま
しょう。　　　　　〈1つ5点〉

(1)

インド　（　　）

(2)

アメリカ　（　　）

月 日　時 分～ 時 分
name
点

33

1 音声を聞いて，まねして言いましょう。次に，声に出して３回言いましょう。

〈３回言って25点〉

あなたはバナナが好きですか？

Yes, I do.

はい，好きです。

音読
チェック！

1回目

2回目

3回目

★ 相手の好きなものを聞くときは，Do you like ～?「あなたは～が好きですか？」と言います。好きなら，Yes, I do.「はい，好きです」と答えます。

2 声に出して言ったあと，英語をなぞりましょう。

〈１つ10点〉

Do you like bananas?

Yes, I do.

★ Yes の後ろには，コンマ（ , ）をつけます。

3 音声を聞いて，まねして言いましょう。次に，声に出して3回言いましょう。

〈3回言って25点〉

Do you like melons?

あなたはメロンが好きですか？

No, I don't.

いいえ，好きではありません。

★ Do you like ～? 「あなたは～が好きですか？」と聞かれて，好きではないときは，
No, I don't. 「いいえ，好きではありません」と答えます。

4 声に出して言ったあと，英語をなぞりましょう。

〈1つ10点〉

Do you like melons?

No, I don't.

★ No の後ろには，コンマ (,) をつけます。

5 音声を聞いて，タクの好きなものときらいなものの記号を，(　　) に書きましょう。

〈両方できて10点〉

ア 　　イ

好きなもの　(　　　)

きらいなもの　(　　　)

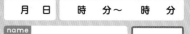
18 するスポーツを聞くとき

🔊 35

1 音声を聞いて，まねして言いましょう。次に，声に出して3回言いましょう。

〈3回言って25点〉

Do you play tennis?

あなたはテニスをしますか？

Yes, I do.

はい，します。

音読チェック！

1回目 ◎
2回目 ◎
3回目 ◎

★ 相手のするスポーツを聞くときは，Do you play 〜？「あなたは〜をしますか？」と言います。これに「はい」と答えるときは，Yes, I do.「はい，します」と言います。

2 声に出して言ったあと，英語をなぞりましょう。　〈1つ10点〉

Do you play tennis?

Yes, I do.

©くもん出版

3 音声を聞いて，まねして言いましょう。次に，声に出して3回言いましょう。

〈3回言って25点〉

音読チェック！

1回目
2回目
3回目

★ Do you play 〜? 「あなたは〜をしますか?」と聞かれて「いいえ」と答えるときは，No, I don't. 「いいえ，しません」と言います。

4 声に出して言ったあと，英語をなぞりましょう。　　　　　〈1つ10点〉

Do you play soccer?

No, I don't.

5 音声を聞いて，アオイがすることとしないことの記号を，（　）に書きましょう。　　　　　〈両方できて10点〉

ア

イ

すること　（　　）
しないこと（　　）

月 日　時 分〜 時 分

name

点

🔊 37

1 音声を聞いて，まねして言いましょう。次に，声に出して3回言いましょう。

〈3回言って25点〉

What do you like?

あなたは何が好きですか？

I like fruit.

わたしはくだものが好きです。

音読チェック！

1回目 ◎

2回目 ◎

3回目 ◎

★ 相手に何が好きか聞くときは，What do you like?「あなたは何が好きですか？」と言います。答えるときは，I like の後ろに好きなものを続けます。

2 声に出して言ったあと，英語をなぞりましょう。　　　　　　〈1つ10点〉

What do you like?

I like fruit.

3 音声を聞いて，まねして言いましょう。次に，声に出して3回言いましょう。

〈3回言って25点〉

What fruit do you like?

あなたは何のくだものが好きですか？

I like apples.

わたしはりんごが好きです。

音読チェック！

1回目

2回目

3回目

★ 「あなたは何の～が好きですか？」と聞くときは，What ～ do you like? と言います。
I like ～. 「～が好きです」と答えます。

4 声に出して言ったあと，英語をなぞりましょう。

〈1つ10点〉

What fruit do you like?

I like apples.

5 音声を聞いて，返事として合うほうの記号を○でかこみましょう。　〈10点〉

ア  I like apples.

イ Yes, I do.

©くもん出版

38

20 気持ちや様子を聞くとき

🔊 39

1 音声を聞いて, まねして言いましょう。次に, 声に出して3回言いましょう。

〈3回言って25点〉

Are you sleepy?

あなたはねむいですか？

Yes, I am.

はい, ねむいです。

音読チェック！
1回目 ◎
2回目 ◎
3回目 ◎

★ Are you 〜? は「あなたは〜ですか？」という意味です。答えるときは, Yes, I am. または No, I'm not. と言います。

2 声に出して言ったあと, 英語をなぞりましょう。　　　〈1つ10点〉

Are you sleepy?

Yes, I am.

3 音声を聞いて、まねして言いましょう。次に、声に出して３回言いましょう。

〈３回言って25点〉

Are you hungry?

あなたはおなかがすいていますか？

No, I'm full.

いいえ、おなかがいっぱいです。

★ Are you 〜？と聞かれたとき、Noと言ったあとに、I'm full.のような理由をつけ加えてもかまいません。

4 声に出して言ったあと、英語をなぞりましょう。

〈１つ10点〉

Are you hungry?

No, I'm full.

5 音声を聞いて、話している男の子に合うほうの絵の記号を○でかこみましょう。

〈10点〉

ア

イ

21 どうしたのか聞くとき

🔊 41

1 音声を聞いて，まねして言いましょう。次に，声に出して3回言いましょう。

〈3回言って25点〉

What's up?

どうしたの？

I'm tired.

つかれています。

音読
チェック！

1回目
◎

2回目
◎

3回目
◎

★ What's up? は，いつもと様子がちょっとちがう人に，「どうしたの？」と聞くときの言い方です。このように聞かれたら，自分の調子を答えます。

2 声に出して言ったあと，英語をなぞりましょう。　　〈1つ10点〉

What's up?

I'm tired.

3 音声を聞いて，まねして言いましょう。次に，声に出して3回言いましょう。

〈3回言って25点〉

What's up?

どうしたの？

I'm hungry.

おなかがすいています。

音読
チェック！

1回目
◎

2回目
◎

3回目
◎

4 声に出して言ったあと，英語をなぞりましょう。 〈1つ10点〉

What's up?

I'm hungry.

5 音声を聞いて，返事として合うほうの記号を○でかこみましょう。 〈10点〉

ア I'm tired.

イ No, I'm full.

月　日　　時　分〜　時　分

name

点

43

1 音声を聞いて，合うほうの絵の記号を○でかこみましょう。　〈1つ10点〉

(1)　　　　ア　　　　　　　　イ

(2)　　　　ア　　　　　　　　イ

2 音声を聞いて，合うものを線で結びましょう。　〈1つ10点〉

(1)
ミユ

(2)
ヒカル

(3)
ミナト

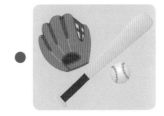

3 2人の会話の_____に合う言葉を，[____]から選んで書きましょう。

〈1つ10点〉

(1) _____ are you?

I'm ten.

(2) _____ do you live?

I live in Australia.

(3) _____ up?

I'm hungry.

Where
What's
How old

4 プロフィールに合うように，(　)の中の言葉をならべかえて_____に書きましょう。うすい文字はなぞりましょう。文の最初にくる言葉は，大文字で始めましょう。

〈1つ10点〉

プロフィール

名前はユイ。
りんごが好き。

(1) (name, my)

_____ is Yui.

(2) (like, I)

_____ apples.

天気を聞くとき①

🔊 45

1 音声を聞いて，まねして言いましょう。次に，声に出して3回言いましょう。

〈3回言って25点〉

How's the weather?

天気はどうですか？

It's sunny.

晴れています。

音読
チェック！

1回目 ◎

2回目 ◎

3回目 ◎

★ 天気を聞くときは，How's the weather?「天気はどうですか？」と言います。答えるときは，It's の後ろに sunny「晴れている」のような，天気を表す言葉を続けます。

2 声に出して言ったあと，英語をなぞりましょう。

〈1つ10点〉

How's the weather?

It's sunny.

3 音声を聞いて，まねして言いましょう。次に，声に出して3回言いましょう。

〈3回言って25点〉

4 声に出して言ったあと，英語をなぞりましょう。 〈1つ10点〉

How's the weather?

It's rainy.

5 音声を聞いて，1と2の会話のうち，絵に合うほうの番号を（　）に書きましょう。 〈10点〉

（　　）

月 日　時 分〜 時 分

name

点

 47

1 音声を聞いて，まねして言いましょう。次に，声に出して3回言いましょう。

〈3回言って25点〉

How's the weather?

天気はどうですか？

It's hot.

暑いです。

音読チェック！

1回目

2回目

3回目

★ How's the weather?「天気はどうですか？」は，暑さ・寒さについて聞くときにも使います。答えるときは，It's の後ろに hot「暑い」のような言葉を続けることができます。

2 声に出して言ったあと，英語をなぞりましょう。　　〈1つ10点〉

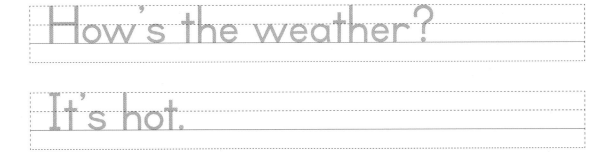

How's the weather?

It's hot.

©くもん出版

3 音声を聞いて，まねして言いましょう。次に，声に出して3回言いましょう。

〈3回言って25点〉

How's the weather?

天気はどうですか？

It's cold.

寒いです。

4 声に出して言ったあと，英語をなぞりましょう。

〈1つ10点〉

How's the weather?

It's cold.

5 音声を聞いて，合うほうの絵の記号を○でかこみましょう。

〈10点〉

ア

イ

25 何時か聞くとき

🔊 49

1 音声を聞いて, まねして言いましょう。次に, 声に出して3回言いましょう。

〈3回言って25点〉

What time is it?

何時ですか？

It's ten.

10時です。

音読
チェック!

1回目 ◎
2回目 ◎
3回目 ◎

★ 何時か聞くときは, What time is it?「何時ですか？」と言います。答えるときは, It's の後ろに時こくを表す数を続けます。It's 10:00. のように, 数字を使って表すこともできます。

2 声に出して言ったあと, 英語をなぞりましょう。

〈1つ10点〉

What time is it?

It's ten.

★93ページの音声で, 数の言い方を聞いてみましょう。

3 音声を聞いて，まねして言いましょう。次に，声に出して3回言いましょう。

〈3回言って25点〉

★ **What time is it?**「何時ですか？」に「～時…分です」と答えるときは，It's の後ろに「～時」と「…分」を表す数をならべます。It's 3:30. のように，数字を使って表すこともできます。

4 声に出して言ったあと，英語をなぞりましょう。 〈1つ10点〉

What time is it?

It's three thirty.

5 音声を聞いて，合うほうの絵の記号を○でかこみましょう。 〈10点〉

ア

イ

26 何曜日か聞くとき

<ruby>何<rt>なん</rt></ruby><ruby>曜<rt>よう</rt></ruby><ruby>日<rt>び</rt></ruby>か<ruby>聞<rt>き</rt></ruby>くとき

月 日	時 分～ 時 分
name	
	点

🔊 51

1 音声を聞いて，まねして言いましょう。次に，声に出して3回言いましょう。

〈3回言って25点〉

What day is it today?

今日は何曜日ですか？

It's Monday.

月曜日です。

音読チェック！

1回目 ◎
2回目 ◎
3回目 ◎

★「今日は何曜日ですか？」と聞くときは，What day is it today? と言います。today は「今日は」という意味の言葉です。答えるときは，It's の後ろに曜日を表す言葉を続けます。

2 声に出して言ったあと，英語をなぞりましょう。

〈1つ10点〉

What day is it today?

It's Monday.

★94ページの音声で，全ての曜日の言い方を聞いてみましょう。

©くもん出版

3 音声を聞いて，まねして言いましょう。次に，声に出して3回言いましょう。

〈3回言って25点〉

4 声に出して言ったあと，英語をなぞりましょう。 〈1つ10点〉

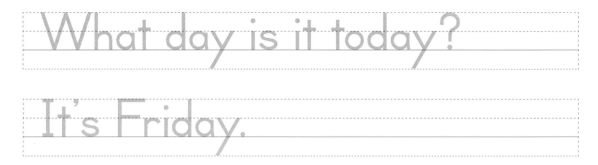

5 音声を聞いて，今日が何曜日かを表しているほうの記号を○でかこみましょう。

〈10点〉

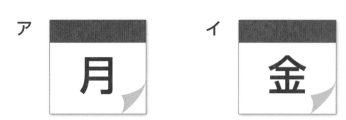

27 何月何日か聞くとき

| 月 日 | 時 分〜 時 分 |
name |
| | 点 |

🔊 53

1 音声を聞いて，まねして言いましょう。次に，声に出して3回言いましょう。

〈3回言って25点〉

What's the date today?

今日は何月何日ですか？

11月 16日

It's November 16th.

11月16日です。

音読
チェック！

1回目 ◎

2回目 ◎

3回目 ◎

★ 「今日は何月何日ですか？」と聞くときは，What's the date today? と言います。答えるときは，It's の後ろに月を表す言葉と，日にちを表す数を続けます。

2 声に出して言ったあと，英語をなぞりましょう。 〈1つ10点〉

What's the date today?

It's November 16th.

★95ページと96ページで，全ての月と日にちの言い方を聞いてみましょう。

3 音声を聞いて，まねして言いましょう。次に，声に出して3回言いましょう。

〈3回言って25点〉

4 声に出して言ったあと，英語をなぞりましょう。 〈1つ10点〉

What's the date today?

It's May 5th.

5 音声を聞いて，今日が何月何日かを表しているほうの記号を○でかこみましょう。

〈10点〉

ア　5月　5日

イ　11月　16日

28 かくにん問題④

月 日　時 分〜 時 分

name

点

🔊 55

1 音声を聞いて，合うほうの絵の記号を○でかこみましょう。　〈1つ10点〉

(1)　　　ア　　　　　　イ

(2)　　　ア　　　　　　イ

(3)　　　ア　　　　　　イ

2 音声を聞いて，合う絵を選び，（　　）に記号を書きましょう。　〈1つ10点〉

(1)（　　　）　　(2)（　　　）　　(3)（　　　）

ア　　　　　　イ　　　　　　ウ

©くもん出版

3 2人の会話の——に合う言葉を，それぞれの ☐ から選んで書きましょう。

〈1つ10点〉

(1)

_____ is it today?

It's Friday.

What time
What day

(2)

_____ the weather?

It's sunny.

How's
What's

4 絵に合う英語を， ☐ から選んで——に書きましょう。

〈1つ10点〉

It's three.
It's May 5th.

(1) What's the date today?

_____

(2) What time is it?

_____

月　日　時　分～　時　分

name

点

57

1 音声（おんせい）を聞（き）いて，まねして言（い）いましょう。次（つぎ）に，声（こえ）に出（だ）して3回（かい）言（い）いましょう。

〈3回言って25点〉

What's this?

これは何（なん）ですか？

It's a bike.

自転車（じてんしゃ）です。

音読（おんどく）
チェック!

1回目

2回目

3回目

★「これは何（なん）ですか？」と聞（き）くときは，What's this? と言（い）います。this は，近（ちか）くにあるものをさします。このように聞（き）かれたら，それが何（なん）であるかを It's ～. で答（こた）えます。

2 声（こえ）に出（だ）して言（い）ったあと，英語（えいご）をなぞりましょう。　〈1つ10点〉

What's this?

It's a bike.

3 音声を聞いて，まねして言いましょう。次に，声に出して3回言いましょう。

〈3回言って25点〉

あれは何ですか？

バスです。

★ 「あれは何ですか？」と聞くときは，What's that? と言います。that は，はなれたところにあるものをさします。

4 声に出して言ったあと，英語をなぞりましょう。 〈1つ10点〉

What's that?

It's a bus.

5 音声を聞いて，合うほうの絵の記号を○でかこみましょう。 〈10点〉

ア

イ

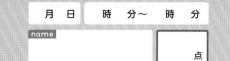

🔊 59

1 音声を聞いて，まねして言いましょう。次に，声に出して3回言いましょう。

〈3回言って25点〉

Where is my ball?

わたしのボールはどこにありますか？

It's on the desk.

つくえの上にあります。

音読
チェック！

1回目 ◎
2回目 ◎
3回目 ◎

★ どこにあるか聞くときは，Where is 〜？「〜はどこにありますか？」と言います。答えるときは，It's の後ろに場所を表す言葉を続けます。

2 声に出して言ったあと，英語をなぞりましょう。

〈1つ10点〉

Where is my ball?

It's on the desk.

©くもん出版

3 音声を聞いて，まねして言いましょう。次に，声に出して3回言いましょう。

〈3回言って25点〉

★ 「～はだれですか？」と聞くときは，Who is ～? と言います。he は「かれは」という意味で，男の人に使います。答えるときは，He is の後ろに，名前や，自分との関係を表す言葉を続けます。

4 声に出して言ったあと，英語をなぞりましょう。

〈1つ10点〉

Who is he?

He is my brother.

5 音声を聞いて，1と2の会話のうち，絵に合うほうの番号を（　）に書きましょう。

〈10点〉

（　　）

数やねだんを聞くとき

61

1 音声を聞いて，まねして言いましょう。次に，声に出して3回言いましょう。

〈3回言って25点〉

How many pencils?

えんぴつは何本ですか？

Six pencils.

えんぴつは6本です。

音読チェック！
1回目
2回目
3回目

★ 数を聞くときは，How many 〜?「〜はいくつですか？」と言います。答えるときは，数を言います。Six. と数だけ答えてもかまいません。

2 声に出して言ったあと，英語をなぞりましょう。

〈1つ10点〉

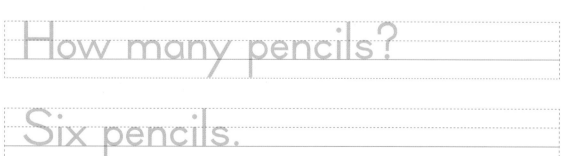

How many pencils?

Six pencils.

3 音声を聞いて，まねして言いましょう。次に，声に出して3回言いましょう。

〈3回言って25点〉

★ ねだんを聞くときは，How much is 〜?「〜はいくらですか？」と言います。答えるときは，It's の後ろに，ねだんを表す数と，yen「円」を続けます。100は one hundred と読みます。

4 声に出して言ったあと，英語をなぞりましょう。 〈1つ10点〉

How much is this?

It's 100 yen.

5 音声を聞いて，返事として合うほうの記号を○でかこみましょう。 〈10点〉

ア It's 100 yen.

イ Six pencils.

月 日　時 分〜 時 分

name

点

 63

1 音声を聞いて，合うほうの絵の記号を○でかこみましょう。　〈1つ10点〉

(1)　　ア　　　　　　イ

コウタ　　ケンタ

(2)　　ア　　　　　　イ

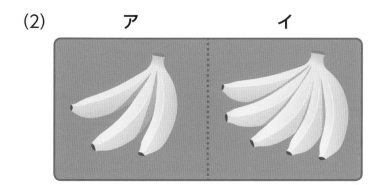

2 音声を聞いて，絵に合っていれば○，合っていなければ×を（　　）に書きましょう。　〈1つ10点〉

(1)　　　　　　　(2)　　　　　　　(3)

（　　　）　　　（　　　）　　　（　　　）

3 2人の会話の_____に合う言葉を，_____から選んで書きましょう。

〈1つ10点〉

(1) What's that?

_____ a bus.

(2) Who is he?

_____ is Yuma.

He
It's

4 絵に合う英語を，_____から選んで_____に書きましょう。〈1つ15点〉

Two apples.
It's 100 yen.

(1) How much is it?

_____

(2) How many apples?

_____

月 日　時 分〜 時 分
name
点

 65

1 音声を聞いて，まねして言いましょう。次に，声に出して3回言いましょう。

〈3回言って25点〉

Stand up.

立ちなさい。

Sit down, please.

すわってください。

音読
チェック！

1回目
2回目
3回目

★ Stand up. は「立ちなさい」，Sit down. は「すわりなさい」という意味です。please を
つけると，ていねいな言い方になります。

2 声に出して言ったあと，英語をなぞりましょう。 〈1つ10点〉

Stand up.

Sit down, please.

©くもん出版

3 音声を聞いて，まねして言いましょう。次に，声に出して3回言いましょう。

〈3回言って25点〉

Open the door, please.

ドアを開けてください。

OK.

わかりました。

音読チェック！
1回目
2回目
3回目

★ 「～してください」とたのまれて，「わかりました」と返事をするときは，OK. と言います。
All right. と言うこともあります。ことわるときは，Sorry, I can't. と言います。

4 声に出して言ったあと，英語をなぞりましょう。

〈1つ10点〉

Open the door, please.

OK.

5 音声を聞いて，合うほうの絵の記号を○でかこみましょう。

〈10点〉

ア

イ

月 日　時 分〜 時 分
name
点

🔊 67

1 音声を聞いて，まねして言いましょう。次に，声に出して3回言いましょう。

〈3回言って25点〉

Go straight.

まっすぐ行ってください。

Turn right.

右に曲がってください。

音読チェック！

1回目 ◎
2回目 ◎
3回目 ◎

★ 道案内をするとき，「まっすぐ行ってください」は Go straight. と言います。「右に曲がってください」は Turn right. と言います。

2 声に出して言ったあと，英語をなぞりましょう。

〈1つ10点〉

Go straight.

Turn right.

3 音声を聞いて，まねして言いましょう。次に，声に出して3回言いましょう。

〈3回言って25点〉

Go straight.

まっすぐ行ってください。

Turn left.

左に曲がってください。

音読チェック！
1回目
2回目
3回目

★ 「左に曲がってください」は Turn left. と言います。

4 声に出して言ったあと，英語をなぞりましょう。

〈1つ10点〉

Go straight.

Turn left.

5 音声を聞いて，合うほうの絵の記号を○でかこみましょう。

〈10点〉

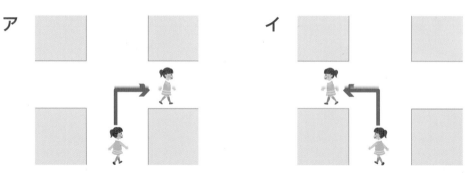

ア

イ

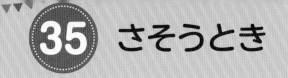

35 さそうとき

月 日　時 分〜 時 分

name

点

🔊 69

1 音声を聞いて，まねして言いましょう。次に，声に出して3回言いましょう。

〈3回言って25点〉

Let's play soccer.

サッカーをしましょう。

Yes, let's.

はい，しましょう。

音読
チェック!

1回目 ◎

2回目 ◎

3回目 ◎

★ 「〜しましょう」とさそうときは，Let's 〜. 「〜しましょう」と言います。さそいを受けるときは，Yes, let's. 「はい，しましょう」または OK.「いいですよ」と言います。

2 声に出して言ったあと，英語をなぞりましょう。

〈1つ10点〉

Let's play soccer.

Yes, let's.

©くもん出版

3 音声を聞いて、まねして言いましょう。次に、声に出して3回言いましょう。

〈3回言って25点〉

Let's eat spaghetti.

スパゲッティを食べましょう。

No, let's not.

いいえ、やめましょう。

★ 「〜しましょう」とさそわれて、ことわるときは、No, let's not.「いいえ、やめましょう」
または Sorry, I can't.「すみませんが、できません」と言います。

4 声に出して言ったあと、英語をなぞりましょう。　　　　　　〈1つ10点〉

Let's eat spaghetti.

No, let's not.

5 音声を聞いて、1と2の会話のうち、絵に合うほうの番号を（　　）に書きましょう。　　　　　　〈10点〉

（　　　）

1 音声を聞いて，まねして言いましょう。次に，声に出して3回言いましょう。

〈3回言って25点〉

How about a candy?

キャンディーはどうですか？

Yes, please.

はい，いただきます。

音読
チェック!

1回目

2回目

3回目

★ 「〜はどうですか？」と何かをすすめたあとに，別のものをすすめるときは，How about 〜？と言います。「はい，いただきます」と答えるときは，Yes, please. と言います。

2 声に出して言ったあと，英語をなぞりましょう。　　　　〈1つ10点〉

How about a candy?

Yes, please.

3 音声を聞いて，まねして言いましょう。次に，声に出して3回言いましょう。

〈3回言って25点〉

How about some milk?

牛にゅうはどうですか？

No, thank you.

いいえ，けっこうです。

音読チェック！
1回目
2回目
3回目

★ 「～はどうですか？」とすすめられて，ことわるときは，No, thank you. 「いいえ，けっこうです」と言います。

4 声に出して言ったあと，英語をなぞりましょう。　〈1つ10点〉

How about some milk?

No, thank you.

5 音声を聞いて，メイを表すほうの絵の記号を○でかこみましょう。　〈10点〉

ア

イ

月 日　時 分〜 時 分

name

点

73

① 音声を聞いて，合うほうの絵の記号を○でかこみましょう。　〈1つ10点〉

(1)　　ア　　　　　イ

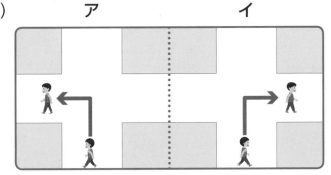

(2)　　ア　　　　　イ

② 音声を聞いて，合う絵を選び，（　　）に記号を書きましょう。　〈1つ10点〉

(1) (　　　)　　　(2) (　　　)　　　(3) (　　　)

ア　　　　　　　　イ　　　　　　　　ウ

(1)

Stand up.

OK.

(2)

Open the door, please.

Yes, let's.

(3)

Let's play soccer.

Sorry, I can't.

④ 生徒たちが，先生に言われたとおりにしています。先生の言ったことを，
　　　　　　から選んで ──── に書きましょう。 〈1つ10点〉

(1)

(2)

Sit down.　　　　Stand up.

ふだんよく使う言い方①

🔊 75

1 音声を聞いて，まねして言いましょう。次に，声に出して3回言いましょう。

〈3回言って25点〉

I like baseball.

ぼくは野球が好きです。

How about you?

あなたはどうですか？

音読チェック！　1回目　2回目　3回目

★ 「あなたはどうですか？」と聞くときは，How about you? と言います。

2 声に出して言ったあと，英語をなぞりましょう。　　　　〈1つ10点〉

I like baseball.

How about you?

3 音声を聞いて，まねして言いましょう。次に，声に出して3回言いましょう。

〈3回言って25点〉

Sugar, please.

さとうを取ってください。

Here you are.

はい，どうぞ。

音読
チェック！

1回目

2回目

3回目

★「～を取ってください」とたのむときは，～, please. と言います。Here you are. は「はい，どうぞ」という意味で，物をわたすときに使います。

4 声に出して言ったあと，英語をなぞりましょう。

〈1つ10点〉

Sugar, please.

Here you are.

5 音声を聞いて，返事として合うほうの記号を○でかこみましょう。 〈10点〉

ア

No, thank you.

イ

Here you are.

月　日　｜　時　分〜　時　分

name

点

🔊 77

1 音声を聞いて、まねして言いましょう。次に、声に出して3回言いましょう。

〈3回言って25点〉

Can I eat the cake?

ケーキを食べてもいいですか？

Sure.

いいですよ。

音読
チェック！

1回目 ◎

2回目 ◎

3回目 ◎

★ 「〜してもいいですか？」と聞くときは、Can I 〜? と言います。これに、「いいですよ」と答えるときは、Sure. と言います。

2 声に出して言ったあと、英語をなぞりましょう。

〈1つ10点〉

Can I eat the cake?

Sure.

3 音声を聞いて，まねして言いましょう。次に，声に出して3回言いましょう。

〈3回言って25点〉

Can I eat the hamburger?

ハンバーガーを食べてもいいですか？

Sorry, you can't.

すみませんが，だめです。

音読チェック！
1回目
2回目
3回目

★ Can I～？と聞かれて，ことわるときは，Sorry, you can't.「すみませんが，だめです」と言います。

4 声に出して言ったあと，英語をなぞりましょう。

〈1つ10点〉

Can I eat the hamburger?

Sorry, you can't.

5 音声を聞き，絵を見て，お母さんの返事として合うほうの記号を○でかこみましょう。

〈10点〉

ア Sure.

イ Sorry, you can't.

40 ふだんよく使う言い方③

🔊 79

1 音声を聞いて，まねして言いましょう。次に，声に出して3回言いましょう。

〈3回言って25点〉

音読
チェック！

1回目
2回目
3回目

Is this a dog?

これは犬ですか？

That's right.

そのとおりです。

★ 相手の言ったことに，「そのとおりです」と答えるときは，That's right. と言います。

2 声に出して言ったあと，英語をなぞりましょう。

〈1つ10点〉

Is this a dog?

That's right.

3 音声を聞いて，まねして言いましょう。次に，声に出して3回言いましょう。

〈3回言って25点〉

This is a cat.

これはねこです。

Really?

ほんとうですか？

音読チェック！
1回目
2回目
3回目

★ 相手の言ったことに，「ほんとうですか？」と聞き返すときは，Really? と言います。

4 声に出して言ったあと，英語をなぞりましょう。

〈1つ10点〉

This is a cat.

Really?

5 音声を聞き，絵を見て，女の子の返事として合うほうの記号を○でかこみましょう。

〈10点〉

ア　Really?
イ　That's right.

🔊 81

1 音声を聞いて，まねして言いましょう。次に，声に出して3回言いましょう。

〈3回言って25点〉

Excuse me.

すみません。

Yes?

はい（何ですか）？

音読チェック！

1回目

2回目

3回目

★ 道などで知らない人に声をかけたり，学校で先生をよび止めたりするときには，Excuse me.「すみません」と言います。これに答えるときは，Yes?「はい（何ですか）？」と言います。

2 声に出して言ったあと，英語をなぞりましょう。

〈1つ10点〉

Excuse me.

Yes?

3 音声を聞いて，まねして言いましょう。次に，声に出して3回言いましょう。

〈3回言って25点〉

★ 相手の言ったことがわからなかったり，聞き取れなかったりしたときには，Pardon?「もう一度言ってください」と言います。

4 声に出して言ったあと，英語をなぞりましょう。　　　　　　　〈1つ10点〉

My name is Cathy.

Pardon?

5 音声を聞いて，合うほうの絵の記号を○でかこみましょう。　　　　〈10点〉

ア

イ

月 日　時 分〜 時 分

name

点

〈1つ10点〉

1 音声を聞いて，合うほうの絵の記号を○でかこみましょう。

(1)　　ア　　　　　イ

(2)　　ア　　　　　イ

2 音声を聞いて，合う絵を選び，（　　）に記号を書きましょう。　〈1つ10点〉

(1) (　　　)　　　(2) (　　　)　　　(3) (　　　)

ア　　　　　　　　　イ　　　　　　　　ウ

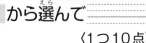

③ 絵の中の, あいているふきだしに入れる英語を, ▢▢▢ から選んで──
に書きましょう。 〈1つ10点〉

| Sure. | Really? |

(1)
> I like dogs.

(2)
> Can I eat the cake?

④ 2人の会話の──に合う英語を, ▢▢▢ から選んで書きましょう。
〈1つ15点〉

| How about you? | That's right. |

(1)

リン： I like cake.

リク： I like bananas.

(2)

ジョーンズ先生： Is that a bus?

タク：

答え

1　P.1-2　一日のあいさつ①

5 ア

🔊 読まれた英語

Good morning.

2　P.3-4　一日のあいさつ②

5 2

🔊 読まれた英語

1 Hello, Hana.
2 Good night, Hana.

3　P.5-6　知り合いに会ったとき

5 イ

🔊 読まれた英語

女子：How are you, Kota？
男子：Not very well.
女子：How are you, Kenta？
男子：I'm fine, thank you.

4　P.7-8　はじめて会ったとき

5 ア

🔊 読まれた英語

My name is Aki.　Nice to meet you.

5　P.9-10　別れるとき

5 イ

🔊 読まれた英語

男子：Goodbye.
女子：See you.

6　P.11-12　お礼を言うとき

5 ア

🔊 読まれた英語

Thank you very much.

7　P.13-14　あやまるとき

5 2

🔊 読まれた英語

1 女子：Thank you.
　男子：You're welcome.
2 女子：Excuse me.
　男子：That's OK.

8　P.15-16　祝うとき

5 2

🔊 読まれた英語

1 Happy New Year！
2 Happy birthday！

⑨ P.17-18 その他のあいさつ

5 1

🔊 **読まれた英語**

1 女子：Merry Christmas !
男子：Merry Christmas !

2 女子：Congratulations !
男子：Thank you !

⑩ P.19-20 かくにん問題①

1 (1) ア (2) イ

🔊 **読まれた英語**

(1) 女子：Good afternoon, Yuma.
男子：Good afternoon, Hana.

(2) 男子：See you later.
女子：See you.

▶ **ポイント**
読まれた英語の意味は次のとおりです。
(1)「こんにちは，ユウマ」「こんにちは，ハナ」
(2)「じゃあ，またね」「またね」

2 (1) ウ (2) ア (3) イ

🔊 **読まれた英語**

(1) Happy birthday !
(2) Congratulations !
(3) I'm sorry.

▶ **ポイント**
読まれた英語の意味は次のとおりです。
(1)「おたんじょうびおめでとう！」
(2)「おめでとう！」
(3)「ごめんなさい」

3

(1) I'm fine, thank you.
(2) Good night.
(3) You're welcome.
(4) Nice to meet you, too.

▶ **ポイント**
答えの英語の意味は次のとおりです。
(1)「元気です，ありがとう」 (2)「おやすみなさい」 (3)「どういたしまして」 (4)「こちらこそ，はじめまして」

⑪ P.21-22 自分の名前や持っているものを言うとき

5 イ

🔊 **読まれた英語**

I'm Miyu. I have a racket.

⑫ P.23-24 自分の好きなものやきらいなものを言うとき

5 好きなもの→イ　きらいなもの→ア

🔊 **読まれた英語**

I'm Riku. I like carrots.
I don't like cats.

⑬ P.25-26 理由を聞くとき

5 I like pizza. → 3
I like baseball. → 1
Why? → 2

🔊 **読まれた英語**

I like baseball.
Why?
I like pizza.

14 P.27-28 かくにん問題②

1 (1) エ (2) ア (3) イ

◀)) 読まれた英語

(1) I'm Hana.
(2) I'm Yuma.
(3) I'm Rin.

▶ **ポイント**
読まれた英語の意味は次のとおりです。
(1)「わたしはハナです」　(2)「ぼくはユウマです」
(3)「わたしはリンです」

2 (1)
(2)
(3)

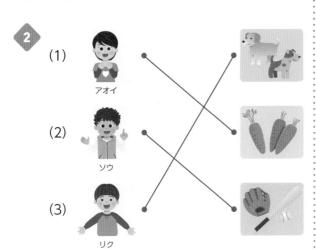

◀)) 読まれた英語

(1) I'm Aoi. I like carrots.
(2) I'm Sou. I like baseball.
(3) I'm Riku. I like dogs.

▶ **ポイント**
読まれた英語の意味は次のとおりです。
(1)「わたしはアオイです。わたしはにんじんが好きです」
(2)「ぼくはソウです。ぼくは野球が好きです」
(3)「ぼくはリクです。ぼくは犬が好きです」

3 (1) エ (2) イ

4 (1) I have a glove.
(2) I have a racket.

15 P.29-30 名前やねんれいを聞くとき

5 名前→イ　ねんれい→イ

◀)) 読まれた英語

My name is Mizuho.
I'm ten.

16 P.31-32 場所を聞くとき

5 (1) ○ (2) ×

◀)) 読まれた英語

(1) 男子：Where are you from?
　　女子：I'm from India.
(2) 女子：Where do you live?
　　男子：I live in Australia.

17 P.33-34 好きなものを聞くとき

5 好きなもの→ア　きらいなもの→イ

◀)) 読まれた英語

女子：Do you like melons, Taku?
男子：Yes, I do.
女子：Do you like bananas, Taku?
男子：No, I don't.

18 P.35-36 するスポーツを聞くとき

5 すること→イ　しないこと→ア

◀)) 読まれた英語

男子：Do you play tennis, Aoi?
女子：No, I don't.
男子：Do you play soccer, Aoi?
女子：Yes, I do.

19 P.37-38 何が好きか聞くとき

5 ア

🔊 読まれた英語

What do you like?

20 P.39-40 気持ちや様子を聞くとき

5 イ

🔊 読まれた英語

女子：Are you sleepy, Minato?
男子：Yes, I am.

21 P.41-42 どうしたのか聞くとき

5 ア

🔊 読まれた英語

What's up?

22 P.43-44 かくにん問題③

1 (1) イ (2) ア

🔊 読まれた英語

(1) 男子：Do you like cats?
女子：No, I don't. I like dogs.
(2) 女子：Do you play soccer?
男子：Yes, I do.

▶ ポイント
読まれた英語の意味は次のとおりです。
(1)「あなたはねこが好きですか?」
「いいえ，好きではありません。わたしは犬が好きです」
(2)「あなたはサッカーをしますか?」「はい，します」

2

(1) ミユ
(2) ヒカル
(3) ミナト

🔊 読まれた英語

(1) 男子：What do you like, Miyu?
女子：I like onions.
(2) 女子：What do you like, Hikaru?
男子：I like baseball.
(3) 女子：What do you like, Minato?
男子：I like carrots.

▶ ポイント
読まれた英語の意味は次のとおりです。
(1)「あなたは何が好きですか，ミユ?」
「わたしはたまねぎが好きです」
(2)「あなたは何が好きですか，ヒカル?」
「ぼくは野球が好きです」
(3)「あなたは何が好きですか，ミナト?」
「ぼくはにんじんが好きです」

3 (1) How old (2) Where
(3) What's

4 (1) My name is Yui.
(2) I like apples.

23 P.45-46 天気を聞くとき①

5 2

🔊 読まれた英語

1 男子：How's the weather？
女子：It's sunny.
2 男子：How's the weather？
女子：It's rainy.

24 P.47-48 天気を聞くとき②

5 ア

🔊 読まれた英語

女子：How's the weather？
男子：It's cold.

25 P.49-50 何時か聞くとき

5 イ

🔊 読まれた英語

女子：What time is it？
男子：It's three thirty.

26 P.51-52 何曜日か聞くとき

5 ア

🔊 読まれた英語

男子：What day is it today？
女子：It's Monday.

27 P.53-54 何月何日か聞くとき

5 ア

🔊 読まれた英語

男子：What's the date today？
女子：It's May 5th.

28 P.55-56 かくにん問題④

1 (1) イ　(2) ア　(3) ア

🔊 読まれた英語

(1) 男子：What's the date today？
女子：It's November 16th.
(2) 女子：What day is it today？
男子：It's Monday.
(3) 男子：How's the weather？
女子：It's rainy.

▶ ポイント
読まれた英語の意味は次のとおりです。
(1) 「今日は何月何日ですか？」「11月16日です」
(2) 「今日は何曜日ですか？」「月曜日です」
(3) 「天気はどうですか？」「雨がふっています」

2 (1) ウ　(2) イ　(3) ア

🔊 読まれた英語

(1) 女子：What time is it？
男子：It's ten thirty.
(2) 男子：What time is it？
女子：It's three.
(3) 女子：What time is it？
男子：It's three thirty.

▶ ポイント
読まれた英語の意味は次のとおりです。
(1) 「何時ですか？」「10時30分です」
(2) 「何時ですか？」「3時です」
(3) 「何時ですか？」「3時30分です」

3 (1) What day (2) How's

4 (1) It's May 5th.
    (2) It's three.

---

29 P.57-58 何？ と聞くとき

5 ア

🔊 **読まれた英語**

女子：What's this？
男子：It's a bike.

---

30 P.59-60 どこ？ だれ？ と聞くとき

5 2

🔊 **読まれた英語**

1 男子：Who is he？
　女子：He is my brother.
2 男子：Where is my ball？
　女子：It's on the desk.

---

31 P.61-62 数やねだんを聞くとき

5 イ

🔊 **読まれた英語**

How many pencils？

---

32 P.63-64 かくにん問題⑤

1 (1) イ (2) ア

🔊 **読まれた英語**

(1) 男子：Who is he？
　　女子：He is Kenta.
(2) 女子：How many bananas？
　　男子：Three bananas.

▶ **ポイント**
読まれた英語の意味は次のとおりです。
(1)「かれはだれですか？」「かれはケンタです」
(2)「バナナは何本ですか？」「バナナは3本です」

2 (1) ○ (2) ○ (3) ×

🔊 **読まれた英語**

(1) 男子：Where is my pencil？
　　女子：It's on the desk.
(2) 女子：How many bikes？
　　男子：Two bikes.
(3) 男子：What's this？
　　女子：It's a desk.

▶ **ポイント**
読まれた英語の意味は次のとおりです。
(1)「ぼくのえんぴつはどこにありますか？」
　　「つくえの上にあります」
(2)「自転車は何台ですか？」「自転車は2台です」
(3)「これは何ですか？」「つくえです」

3 (1) It's (2) He

4 (1) It's 100 yen.
    (2) Two apples.

33 P.65-66 指示するとき・たのむとき

5 イ

🔊 読まれた英語

Stand up, please.

34 P.67-68 道案内するとき

5 ア

🔊 読まれた英語

Go straight. Turn right.

35 P.69-70 さそうとき

5 1

🔊 読まれた英語

1 女子：Let's play soccer.
　男子：Yes, let's.
2 女子：Let's play baseball.
　男子：No, let's not.

36 P.71-72 すすめるとき

5 イ

🔊 読まれた英語

男子：How about a candy, Mei？
女子：Yes, please.

37 P.73-74 かくにん問題⑥

1 (1) イ　(2) ア

🔊 読まれた英語

(1) Go straight. Turn right.
(2) 男子：Let's play tennis.
　　女子：OK.

▶ ポイント

読まれた英語の意味は次のとおりです。
(1)「まっすぐ行ってください。右に曲がってください」
(2)「テニスをしましょう」「いいですよ」

2 (1) イ　(2) ウ　(3) ア

🔊 読まれた英語

(1) 男子：How about some milk？
　　女子：Yes, please.
(2) 女子：Let's play soccer.
　　男子：No, let's not.
(3) 男子：Let's eat pizza.
　　女子：No, let's not. Let's eat
　　　　spaghetti.

▶ ポイント

読まれた英語の意味は次のとおりです。
(1)「牛にゅうはどうですか？」「はい，いただきます」
(2)「サッカーをしましょう」「いいえ，やめましょう」
(3)「ピザを食べましょう」
　　「いいえ，やめましょう。スパゲッティを食べましょう」

3

(1)

Stand up.　OK.

(2)

Open the door, please.　Yes, let's.

(3)

Let's play soccer.　Sorry, I can't.

4
(1) Stand up.
(2) Sit down.

---

38 P.75-76 　ふだんよく使う言い方①

5 イ

🔊 **読まれた英語**

Sugar, please.

---

39 P.77-78 　ふだんよく使う言い方②

5 ア

🔊 **読まれた英語**

Can I eat the cake?

---

40 P.79-80 　ふだんよく使う言い方③

5 イ

🔊 **読まれた英語**

Is this a cat?

---

41 P.81-82 　ふだんよく使う言い方④

5 ア

🔊 **読まれた英語**

男の人：Excuse me.
女子： Yes?

---

42 P.83-84 　かくにん問題⑦

1 (1) ア　(2) ア

🔊 **読まれた英語**

(1) 女子： Is this a bus?
　　男子： That's right.
(2) 男子： Can I eat the
　　　　　 banana?
　　お母さん：Sorry, you can't.

▶ **ポイント**
読まれた英語の意味は次のとおりです。
(1)「これはバスですか？」「そのとおりです」
(2)「バナナを食べてもいいですか？」「すみませんが、だめです」

2 (1) ア　(2) ウ　(3) イ

🔊 **読まれた英語**

(1) 女子： Two melons, please.
　　男の人：Here you are.
(2) 女子： Excuse me.
　　男の人：Yes?
(3) 女子： My name is Saori.
　　男子： Pardon?

▶ **ポイント**
読まれた英語の意味は次のとおりです。
(1)「メロンを2つお願いします」「はい、どうぞ」
(2)「すみません」「はい（何ですか）？」
(3)「わたしの名前はサオリです」「もう一度言ってください」

3 (1) Really?　(2) Sure.

4 (1) How about you?
　　(2) That's right.

数 (かず)

☐ 0	zero	
☐ 1	one	
☐ 2	two	
☐ 3	three	
☐ 4	four	
☐ 5	five	
☐ 6	six	
☐ 7	seven	
☐ 8	eight	
☐ 9	nine	
☐ 10	ten	
☐ 11	eleven	
☐ 12	twelve	
☐ 13	thirteen	
☐ 14	fourteen	
☐ 15	fifteen	
☐ 16	sixteen	

☐ 17	seventeen	
☐ 18	eighteen	
☐ 19	nineteen	
☐ 20	twenty	
☐ 21	twenty-one	
☐ 22	twenty-two	
☐ 23	twenty-three	
☐ 24	twenty-four	
☐ 25	twenty-five	
☐ 26	twenty-six	
☐ 27	twenty-seven	
☐ 28	twenty-eight	
☐ 29	twenty-nine	
☐ 30	thirty	
☐ 40	forty	
☐ 50	fifty	
☐ 60	sixty	

曜日

- □ 月 Monday　月曜日
- □ 火 Tuesday　火曜日
- □ 水 Wednesday　水曜日
- □ 木 Thursday　木曜日
- □ 金 Friday　金曜日
- □ 土 Saturday　土曜日
- □ 日 Sunday　日曜日

月_{つき}

☐ January
1月_{がつ}

☐ February
2月_{がつ}

☐ March
3月_{がつ}

☐ April
4月_{がつ}

☐ May
5月_{がつ}

☐ June
6月_{がつ}

☐ July
7月_{がつ}

☐ August
8月_{がつ}

☐ September
9月_{がつ}

☐ October
10月_{がつ}

☐ November
11月_{がつ}

☐ December
12月_{がつ}

日にち

☐ 1日 1st
☐ 2日 2nd
☐ 3日 3rd
☐ 4日 4th
☐ 5日 5th
☐ 6日 6th
☐ 7日 7th
☐ 8日 8th
☐ 9日 9th
☐ 10日 10th
☐ 11日 11th

☐ 12日 12th
☐ 13日 13th
☐ 14日 14th
☐ 15日 15th
☐ 16日 16th
☐ 17日 17th
☐ 18日 18th
☐ 19日 19th
☐ 20日 20th
☐ 21日 21st
☐ 22日 22nd

☐ 23日 23rd
☐ 24日 24th
☐ 25日 25th
☐ 26日 26th
☐ 27日 27th
☐ 28日 28th
☐ 29日 29th
☐ 30日 30th
☐ 31日 31st